ORDONNANCE DU ROI,

Portant règlement ſur le payement de la Capitation des Officiers de ſes Troupes & autres, entre les mains des Tréſoriers généraux de l'Extraordinaire des guerres.

Du 14 Février 1764.

DE PAR LE ROI.

SA MAJESTÉ ayant, par ſes dernières ordonnances, au ſujet de la nouvelle compoſition de ſes Troupes, établi de nouveaux Officiers, dont les grades n'avoient point encore exiſté, & voulant fixer l'objet de la Capitation, à la retenue de laquelle ces nouveaux Officiers doivent être aſſujétis, Elle a jugé convenable de ſtatuer, par une ſeule & même ordonnance, ſur la Capitation qui doit être retenue aux Officiers de ſes troupes & autres; en conſéquence, SA MAJESTÉ a ordonné & ordonne qu'à

C i

commencer du 1.er Janvier 1764, & à l'avenir, la Capitation des Officiers de ses troupes & autres, sera retenue par les Trésoriers généraux de l'Extraordinaire des guerres, sur le pied ci-après fixé, en exécution de la déclaration du 12 mars 1701, ensemble les Quatre sous pour livre, imposés par arrêt du Conseil du 18 décembre 1747, au lieu de Deux sous pour livre, dont la perception étoit ordonnée par celui du 22 décembre 1705.

SAVOIR:

OFFICIERS GÉNÉRAUX.

Les Lieutenans généraux des Armées du Roi...	450l	540l
Quatre sous pour livre............	90.	
Les Maréchaux-de-camp................	300.	360.
Quatre sous pour livre............	60.	
Les Brigadiers des armées du Roi..........	200.	240.
Quatre sous pour livre............	40.	
Les Maréchaux-des-logis des camps & armées...	300.	360.
Quatre sous pour livre............	60.	
Les Aides-maréchaux-des-logis des camps & armées.	150.	180.
Quatre sous pour livre............	30.	
Les Maréchaux-généraux-des-logis de la Cavalerie..	200.	240.
Quatre sous pour livre............	40.	

OFFICIERS de l'État-major de la Cavalerie.

Le Colonel général de la Cavalerie..........	600.	720.
Quatre sous pour livre............	120.	
Le Mestre-de-camp général de la Cavalerie.....	450.	540.
Quatre sous pour livre............	90.	

Suite des Officiers de l'État-major de la Cavalerie.

Le Commiſſaire général de la Cavalerie . . .	300[l]	//	360[l]
Quatre ſous pour livre	60.	//	
Le Cornette blanc de France	300.	//	360.
Quatre ſous pour livre	60.	//	
Le Maréchal-général-des-logis des camps & armées, aux appointemens de huit mille quatre cents livres	300.	//	360.
Quatre ſous pour livre	60	//	
Les Maréchaux-généraux-des-logis des camps & armées, aux appointemens de quatre mille deux cents livres	150.	//	180.
Quatre ſous pour livre	30.	//	
Le Maréchal-général-des-logis de la Cavalerie.	200.	//	240.
Quatre ſous pour livre	40.	//	
Le Maréchal-des-logis de la Cavalerie . . .	100.	//	120.
Quatre ſous pour livre	20.	//	
Le Secrétaire général de la Cavalerie	100.	//	120.
Quatre ſous pour livre	20.	//	

PREVÔTÉ.

Le Prevôt	20.	//	24.
Quatre ſous pour livre	4.	//	
Le Lieutenant de Prevôt	10.	//	12.
Quatre ſous pour livre	2.	//	
Les Fourriers	6.	//	7. 4[ſ]
Quatre ſous pour livre	1.	4[ſ]	
Le Greffier, l'Exempt, les Archers & l'Exécuteur, chacun	3.	//	3. 12.
Quatre ſous pour livre	//	12.	
Le Médecin	10.	//	12.
Quatre ſous pour livre	2.	//	

Suite des Officiers de l'État-major de la Cavalerie.

Les Chirurgiens	3l	//	3l 12f
Quatre sous pour livre	//	12f	
Les Trompettes	2.	//	2. 8.
Quatre sous pour livre	//	8.	

OFFICIERS de l'État-major des Dragons.

Le Colonel général des Dragons	600.	//	720.
Quatre sous pour livre	120.	//	
Le Mestre-de-camp général	450.	//	540.
Quatre sous pour livre	90.	//	
Le Maréchal-des-logis	200.	//	240.
Quatre sous pour livre	40.	//	
Le Secrétaire général	100.	//	120.
Quatre sous pour livre	20.	//	

PREVÔTÉ.

Le Prevôt	20.	//	24.
Quatre sous pour livre	4.	//	
Le Lieutenant de Prevôt	10.	//	12.
Quatre sous pour livre	2.	//	
Le Greffier, l'Exempt, les Archers & l'Exécuteur, chacun	3.	//	3. 12.
Quatre sous pour livre	//	12.	
Le Médecin	10.	//	12.
Quatre sous pour livre	2.	//	
Le Chirurgien	3.	//	3. 12.
Quatre sous pour livre	//	12.	
L'Apothicaire	3.	//	3. 12.
Quatre sous pour livre	//	12.	

Suite des Officiers de l'État-major des Dragons.

Le Trompette.	2l	"	2l 8f
Quatre ſous pour livre.	"	8f	

OFFICIERS-MAJORS *des Places frontières.*

Les Gouverneurs, aux appointemens au-deſſus de ſix mille livres.	600.	"	720.
Quatre ſous pour livre.	120.	"	
Les Lieutenans-de-Roi.	180.	"	216.
Quatre ſous pour livre.	36.	"	
Les Majors à mille livres d'appointemens & au-deſſus	100.	"	120.
Quatre ſous pour livre.	20.	"	
Les Majors, aux appointemens au-deſſous de mille livres	75.	"	90.
Quatre ſous pour livre	15.	"	
Les Aides-major.	50.	"	60.
Quatre ſous pour livre	10.	"	
Les Capitaines des Portes.	30.	"	36.
Quatre ſous pour livre.	6.	"	
Les Gouverneurs ou Commandans des Places, aux appointemens de ſix mille livres.	500.	"	600.
Quatre ſous pour livre.	100.	"	
Les Gouverneurs ou Commandans, aux appointemens de trois mille juſqu'à ſix mille livres	400.	"	480.
Quatre ſous pour livre.	80.	"	
Les Gouverneurs ou Commandans, aux appointemens au-deſſous de trois mille livres . . .	300.	"	360.
Quatre ſous pour livre.	60.	"	
Les Gouverneurs ou Commandans des Citadelles, aux appointemens de ſix mille livres.	500.	"	600.
Quatre ſous pour livre.	100.	"	

Suite des Officiers-majors des Places frontières.

Les Gouverneurs ou Commandans des Citadelles, aux appointemens de trois mille jusqu'à six mille liv.	400^l	480^l
Quatre sous pour livre.............	80.	
Les Gouverneurs ou Commandans des Citadelles, aux appointemens de deux mille jusqu'à trois mille livres........................	300.	360.
Quatre sous pour livre.............	60.	
Les Gouverneurs ou Commandans, aux appointemens de quinze cents liv. jusqu'à deux mille liv.	200.	240.
Quatre sous pour livre.............	40.	
Les Gouverneurs ou Commandans, aux appointemens de douze cents jusqu'à quinze cents livres..	150.	180.
Quatre sous pour livre.............	30.	
Les Gouverneurs ou Commandans, aux appointemens de mille à douze cents livres.......	100.	120.
Quatre sous pour livre.............	20.	
Les Gouverneurs ou Commandans, aux appointemens de neuf cents jusqu'à mille livres.....	80.	96.
Quatre sous pour livre.............	16.	
Les Gouverneurs ou Commandans, aux appointemens de huit cents jusqu'à neuf cents livres..	75.	90.
Quatre sous pour livre.............	15.	
Les Gouverneurs ou Commandans, aux appointemens de six cents jusqu'à huit cents livres....	50.	60.
Quatre sous pour livre.............	10.	
Les Gouverneurs ou Commandans, aux appointemens au-dessous de six cents livres.........	40.	48.
Quatre sous pour livre.............	8.	
Les Lieutenans-de-Roi des Citadelles.........	180.	216.
Quatre sous pour livre.............	36.	

Suite des Officiers-majors des Places frontières.

Les Majors des Citadelles	70 l	84 l
Quatre ſous pour livre	14.	
Les Aides-major des Citadelles	30.	36.
Quatre ſous pour livre	6.	
Les Commandans des Forts & Châteaux	90.	108.
Quatre ſous pour livre	18.	
Les Lieutenans-de-Roi des Forts & Châteaux	80.	96.
Quatre ſous pour livre	16.	
Les Majors des Forts & Châteaux	45.	54.
Quatre ſous pour livre	9.	
Les Aides-major des Forts & Châteaux	20.	24.
Quatre ſous pour livre	4.	
Les Capitaines des Portes	20.	24.
Quatre ſous pour livre	4.	

OFFICIERS-MAJORS *des Places évacuées.*

Les Officiers-majors des Places évacuées, payeront moitié de l'impoſition des Officiers-majors des Places frontières.

OFFICIERS-MAJORS *des Garniſons ordinaires.*

Les Gouverneurs, aux appointemens de deux mille livres & au-deſſus	300.	360.
Quatre ſous pour livre	60.	
Les Gouverneurs, aux appointemens de quinze cents juſqu'à deux mille livres	200.	240.
Quatre ſous pour livre	40.	
Les Gouverneurs, aux appointemens de douze cents juſqu'à quinze cents livres	150.	180.
Quatre ſous pour livre	30.	

Suite des Officiers-majors des Garnisons ordinaires.

Les Gouverneurs, aux appointemens de mille jusqu'à douze cents livres..............	100^{l}	
Quatre sous pour livre.............	20.	120^{l}
Les Gouverneurs, aux appointemens de neuf cents jusqu'à mille livres....................	90.	
Quatre sous pour livre.............	18.	108.
Les Gouverneurs, aux appointemens de huit cents jusqu'à neuf cents livres................	75.	
Quatre sous pour livre.............	15.	90.
Les Gouverneurs, aux appointemens de six cents jusqu'à huit cents livres................	60.	
Quatre sous pour livre.............	12.	72.
Les Gouverneurs, aux appointemens de cinq cents jusqu'à six cents livres.................	45.	
Quatre sous pour livre.............	9.	54.
Les Gouverneurs, aux appointemens au-dessous de cinq cents livres..................	40.	
Quatre sous pour livre.............	8.	48.
Les Commandans, aux appointemens au-dessus de neuf cents livres......................	90.	
Quatre sous pour livre.............	18.	108.
Les Commandans, aux appointemens de neuf cents livres..........................	75.	
Quatre sous pour livre.............	15.	90.
Les Commandans, aux appointemens de huit cents jusqu'à neuf cents livres..............	70.	
Quatre sous pour livre.............	14.	84.
Les Commandans, aux appointemens de six cents jusqu'à huit cents livres..............	50.	
Quatre sous pour livre.............	10.	60.

Suite des Officiers-majors des Garniſons ordinaires.

Les Commandans, aux appointemens de quatre cents livres & au-deſſous	35[l]	//	42[l]
Quatre ſous pour livre	7.	//	
Les Lieutenans-de-Roi, aux appointemens au-deſſus de neuf cents livres	90.	//	108.
Quatre ſous pour livre	18.	//	
Les Lieutenans-de-Roi, aux appointemens de neuf cents livres	75.	//	90.
Quatre ſous pour livre	15.	//	
Les Lieutenans-de-Roi, aux appointemens de huit cents juſqu'à neuf cents livres	70.	//	84.
Quatre ſous pour livre	14.	//	
Les Lieutenans-de-Roi, aux appointemens de ſix cents juſqu'à huit cents livres	50.	//	60.
Quatre ſous pour livre	10.	//	
Les Lieutenans-de-Roi, aux appointemens de cinq cents juſqu'à ſix cents livres	45.	//	54.
Quatre ſous pour livre	9.	//	
Les Lieutenans-de-Roi, aux appointemens de quatre cents juſqu'à cinq cents livres	35.	//	42.
Quatre ſous pour livre	7.	//	
Les Lieutenans-de-Roi, aux appointemens au-deſſous de quatre cents livres	30.	//	36.
Quatre ſous pour livre	6.	//	
Les Majors, aux appointemens au-deſſus de neuf cents livres	70.	//	84.
Quatre ſous pour livre	14.	//	
Les Majors, aux appointemens de neuf cents livres	67.	10[f]	81.
Quatre ſous pour livre	13.	10.	

Suite des Officiers - majors des Garnisons ordinaires.

Les Majors, aux appointemens de huit cents jusqu'à neuf cents livres....................	60^{l}	72^{l}
Quatre sous pour livre.............	12.	
Les Majors, aux appointemens de six cents jusqu'à huit cents livres....................	45.	54.
Quatre sous pour livre.............	9.	
Les Majors, aux appointemens de cinq cents jusqu'à six cents livres....................	40.	48.
Quatre sous pour livre.............	8.	
Les Majors, aux appointemens de quatre cents livres.	30.	36.
Quatre sous pour livre.............	6.	
Les Majors, aux appointemens au-dessous de quatre cents livres....................	20.	24.
Quatre sous pour livre.............	4.	
Les Aides-major....................	20.	24.
Quatre sous pour livre.............	4.	
Les Capitaines des Portes.............	20.	24.
Quatre sous pour livre.............	4.	
Les Capitaines des villes & châteaux, aux appointemens au-dessus de neuf cents livres.......	90.	108.
Quatre sous pour livre.............	18.	
Les Capitaines des villes & châteaux, aux appointemens de neuf cents livres...........	75.	90.
Quatre sous pour livre.............	15.	
Les Capitaines des villes & châteaux, aux appointemens de huit cents jusqu'à neuf cents livres....................	70.	84.
Quatre sous pour livre.............	14.	
Les Capitaines des villes & châteaux, aux appointemens de six cents jusqu'à huit cents livres...	50.	60.
Quatre sous pour livre.............	10.	

Suite des Officiers-majors des Garniſons ordinaires.

Les Capitaines des villes & châteaux, aux appointemens de quatre cents juſqu'à ſix cents livres	40^{l}	//	48^{l}
Quatre ſous pour livre	8.	//	
Les Capitaines des villes & châteaux, aux appointemens au-deſſous de quatre cents liv.	20.	//	24.
Quatre ſous pour livre	4.	//	
Les Enſeignes des villes & châteaux	45.	//	54.
Quatre ſous pour livre	9.	//	
Les Sergens de bataille	20.	//	24.
Quatre ſous pour livre	4.	//	
Les Auditeurs des bandes	10.	//	12.
Quatre ſous pour livre	2.	//	
Les Prevôts des bandes	3.	//	3. 12^{f}
Quatre ſous pour livre	//	12^{f}	
Les Exempts, Greffiers, Archers & Exécuteurs, chacun	3.	//	3. 12.
Quatre ſous pour livre	//	12.	
Les Auditeurs de camp	10.	//	12.
Quatre ſous pour livre	2.	//	
Les Secrétaires des provinces	30.	//	36.
Quatre ſous pour livre	6.	//	
Les Colonels ou Meſtres-de-camp entretenus à la ſuite des garniſons, aux appointemens de huit cents livres & au-deſſus	90.	//	108.
Quatre ſous pour livre	18.	//	
Les Colonels ou Meſtres-de-camp entretenus à la ſuite des garniſons, aux appointemens de ſix cents juſqu'à huit cents livres	45.	//	54.
Quatre ſous pour livre	9.	//	

Suite des Officiers-majors des Garnisons ordinaires.

Les Maréchaux-des-logis	4l	//	4l 16f
Quatre ſous pour livre	//	16f	
Les Médecins	10.	//	12.
Quatre ſous pour livre	2.	//	
Les Aides-major de la Bourgeoiſie des villes.	3.	//	3. 12.
Quatre ſous pour livre	//	12.	
Les Tréſoriers des morte-payes des Provinces.	6.	//	7. 4.
Quatre ſous pour livre	1.	4.	
Les Garde-magaſins des Places & Châteaux.	3.	//	3. 12.
Quatre ſous pour livre	//	12.	
Le Capitaine-lieutenant de la compagnie, ci-devant entretenue à Mâcon	9.	//	10. 16.
Quatre ſous pour livre	1.	16.	
L'Enſeigne de ladite compagnie	4.	//	4. 16.
Quatre ſous pour livre	//	16.	
Le Sergent de ladite compagnie	2.	//	2. 8.
Quatre ſous pour livre	//	8.	
Le Clerc du guet de Mâcon	3.	//	3. 12.
Quatre ſous pour livre	//	12.	
L'Intendant ayant ſoin des fortifications de la province de Bourgogne	30.	//	36.
Quatre ſous pour livre	6.	//	
Le Lieutenant provincial d'artillerie de ladite Province	15.	//	18.
Quatre ſous pour livre	3.	//	
L'Enſeigne de la Garniſon de Breſt & iſle d'Oueſſant	4.	//	4. 16.
Quatre ſous pour livre	//	16.	

Suite des Officiers-majors des Garnisons ordinaires.

Les Employés pour l'entretenement du magasin du Havre, chacun	6l	//	7l	4f
Quatre sous pour livre	1.	4f		
Le Commandant des compagnies bourgeoises dans la généralité de Caen	9.	//	10.	16.
Quatre sous pour livre	1.	16.		
Le Commissaire d'artillerie en Languedoc	30.	//	36.	
Quatre sous pour livre	6.	//		
L'Intendant de la province du Languedoc	200.	//	240.	
Quatre sous pour livre	40.	//		
Les Chirurgiens	3.	//	3.	12.
Quatre sous pour livre	//	12.		
Les Interprètes	3.	//	3.	12.
Quatre sous pour livre	//	12.		
Les Portiers	3.	//	3.	12.
Quatre sous pour livre	//	12.		
Les Patrons de barque	3.	//	3.	12.
Quatre sous pour livre	//	12.		
Les Fontainiers	3.	//	3.	12.
Quatre sous pour livre	//	12.		
Les Visiteurs de navires	6.	//	7.	4.
Quatre sous pour livre	1.	4.		
Les Armuriers	6.	//	7.	4.
Quatre sous pour livre	1.	4.		
Les Pilotes	2.	//	2.	8.
Quatre sous pour livre	//	8.		
Les Mariniers	2.	//	2.	8.
Quatre sous pour livre	//	8.		

Suite des Officiers-majors des Garnisons ordinaires.

Les Sentinelles	2l	//	2l 8f
Quatre sous pour livre	//	8f	
Les Porte-clefs	2.	//	2. 8.
Quatre sous pour livre	//	8.	
Les Horlogers	2.	//	2. 8.
Quatre sous pour livre	//	8.	
Les Gardes des écluses	2.	//	2. 8.
Quatre sous pour livre	//	8.	
Les Concierges des prisons	2.	//	2. 8.
Quatre sous pour livre	//	8.	
Les Matelots	1.	//	1. 4.
Quatre sous pour livre	//	4.	
Les Maçons	1.	//	1. 4.
Quatre sous pour livre	//	4.	
Les Nétoyeurs des guérites des Places & Forts.	1.	//	1. 4.
Quatre sous pour livre	//	4.	

INFANTERIE FRANÇOISE.

Les Colonels	150.	//	180.
Quatre sous pour livre	30.	//	
Les Lieutenans-colonels	30.	//	36.
Quatre sous pour livre	6.	//	
Les Commandans de bataillon	9.	//	10. 16.
Quatre sous pour livre	1.	16.	
Les Majors	9.	//	10. 16.
Quatre sous pour livre	1.	16.	
Les Capitaines	9.	//	10. 16.
Quatre sous pour livre	1.	16.	

Suite de l'Infanterie Françoise.

Les Lieutenans	4l	//	4l 16f
Quatre ſous pour livre	//	16f	
Les Sous-lieutenans	2.	//	2. 8.
Quatre ſous pour livre	//	8.	
Les Aides-major avec rang de Capitaine	9.	//	10. 16.
Quatre ſous pour livre	1.	16.	
Les Aides-major, ſans commiſſion de Capitaine	4.	//	4. 16.
Quatre ſous pour livre	//	16.	
Les Sous-aides-major	4.	//	4. 16.
Quatre ſous pour livre	//	16.	
Les Porte-drapeaux	2.	//	2. 8.
Quatre ſous pour livre	//	8.	
Les Quartier-maîtres	2.	//	2. 8.
Quatre ſous pour livre	//	8.	
Les Tréſoriers des régimens	6.	//	7. 4.
Quatre ſous pour livre	1.	4.	
Les Chirurgiens	3.	//	3. 12.
Quatre ſous pour livre	//	12.	
Les Colonels ſervant au corps des Grenadiers de France	75.	//	90.
Quatre ſous pour livre	15.	//	
Les Lieutenans-colonels ſervant, *idem*	30.	//	36.
Quatre ſous pour livre	6.	//	
Les Commandans des bataillons de Milice	9.	//	10. 16.
Quatre ſous pour livre	1.	16.	
Les Capitaines de Milice	9.	//	10. 16.
Quatre ſous pour livre	1.	16.	

Bataillons de Recrue.

Les Officiers des bataillons de Récrue, payeront la Capitation ſur le même pied que ceux d'Infanterie.

Les Officiers réformés à la ſuite des régimèns & des Places, payeront moitié des Officiers en pied.

Troupes-Légères.

Les Colonels ou Commandans en chef un corps de Volontaires	150l	//	180l
Quatre ſous pour livre	30.	//	
Les Lieutenans-colonels ou Commandans particuliers	30.	//	36.
Quatre ſous pour livre	6.	//	

Les Officiers d'Infanterie deſdits corps, ſur le pied des Officiers d'Infanterie.

Les Officiers à cheval, ſur le pied des Officiers de Cavalerie.

Infanterie Étrangère.

Les Colonels	150.	//	180.
Quatre ſous pour livre	30.	//	
Les Colonels-commandans	150.	//	180.
Quatre ſous pour livre	30.	//	
Les Lieutenans-colonels	30.	//	36.
Quatre ſous pour livre	6.	//	
Les Majors	15.	//	18.
Quatre ſous pour livre	3.	//	
Les Capitaines	9.	//	10. 16s
Quatre ſous pour livre	1.	16s	

Suite de l'Infanterie Étrangère.

Les Lieutenans	4l	"	4l 16f
Quatre sous pour livre	"	16f	
Les Sous-lieutenans	2.	"	2. 8.
Quatre sous pour livre	"	8.	
Les Aides-major, avec rang de Capitaine	9.	"	10. 16.
Quatre sous pour livre	1.	16.	
Les Aides-major, sans commission de Capitaine	4.	"	4. 16.
Quatre sous pour livre	"	16.	
Les Sous-aides-major	4.	"	4. 16.
Quatre sous pour livre	"	16.	
Les Porte-drapeaux	2.	"	2. 8.
Quatre sous pour livre	"	8.	
Les Quartier-maîtres	2.	"	2. 8.
Quatre sous pour livre	"	8.	
Les Trésoriers des régimens	6.	"	7. 4.
Quatre sous pour livre	1.	4.	
Les Fourriers & Chirurgiens, chacun	3.	"	3. 12.
Quatre sous pour livre	"	12.	

Les Capitaines, Lieutenans & Sous-lieutenans Recruteurs, comme les Officiers en pied.

Cavalerie, Carabiniers, Hussards & Dragons.

Les Mestres-de-camp de Cavalerie & de Dragons, & autres Officiers ayant rang de Mestres-de-camp	150.	"	180.
Quatre sous pour livre	30.	"	

Suite de la Cavalerie, Carabiniers, Huſſards & Dragons.

Les Lieutenans-colonels	30ˡ	//	36ˡ
Quatre ſous pour livre	6.	//	
Les Majors	15.	//	18.
Quatre ſous pour livre	3.	//	
Les Capitaines	15.	//	18.
Quatre ſous pour livre	3.	//	
Les Lieutenans	9.	//	10. 16ſ
Quatre ſous pour livre	1.	16ſ	
Les Cornettes	4.	10.	5. 8.
Quatre ſous pour livre	//	18.	
Les Cornettes des compagnies Colonelle & Meſtre-de-camp des cinq régimens de l'État-major de la Cavalerie & des Dragons	9.	//	10. 16.
Quatre ſous pour livre	1.	16.	
Les Aides-major, avec commiſſion de Capitaine	15.	//	18.
Quatre ſous pour livre	3.	//	
Les Aides-major, ſans commiſſion de Capitaine.	9.	//	10. 16.
Quatre ſous pour livre	1.	16.	
Les Sous-aides-major	9.	//	10. 16.
Quatre ſous pour livre	1.	16.	
Les Sous-lieutenans	4.	10.	5. 8.
Quatre ſous pour livre	//	18.	
Les Porte-étendards	4.	10.	5. 8.
Quatre ſous pour livre	//	18.	
Les Quartier-maîtres	4.	10.	5. 8.
Quatre ſous pour livre	//	18.	

Suite de la Cavalerie, Carabiniers, Huſſards & Dragons.

Les Tréſoriers des régimens...........	6^{l} //		7^{l} 4^{f}
Quatre ſous pour livre..........	1. 4^{f}		
Les Chirurgiens.....................	3. //		3. 12.
Quatre ſous pour livre..........	// 12.		

OFFICIERS RÉFORMÉS *retirés.*

INFANTERIE.

Les Colonels, aux appointemens de neuf cents livres.........................	75.	//	90.
Quatre ſous pour livre.........	15.	//	
Les Colonels, aux appointemens au-deſſous de neuf cents livres.................	37.	10.	45.
Quatre ſous pour livre.........	7.	10.	
Les Lieutenans-colonels, aux appointemens de neuf cents livres................	15.	//	18.
Quatre ſous pour livre.........	3.	//	
Les Lieutenans-colonels, aux appointemens au-deſſous de neuf cents livres.......	7.	10.	9.
Quatre ſous pour livre.........	1.	10.	
Les Capitaines, aux appointemens de quatre cents cinquante livres..............	4.	10.	5. 8.
Quatre ſous pour livre.........	//	18.	
Les Capitaines, aux appointemens au-deſſous de quatre cents cinquante livres.......	2.	5.	2. 14.
Quatre ſous pour livre.........	//	9.	
Les Lieutenans, aux appointemens de deux cents quarante livres..............	2.	//	2. 8.
Quatre ſous pour livre.........	//	8.	
Les Lieutenans, aux appointemens au-deſſous de deux cents quarante livres.........	1.	//	1. 4.
Quatre ſous pour livre.........	//	4.	

Suite des Officiers réformés retirés.

CAVALERIE.

Les Meſtres-de-camp, aux appointemens de dix-huit cents livres	75^{l}	″	90^{l}
Quatre ſous pour livre	15.	″	
Les Meſtres-de-camp, aux appointemens au-deſſous de dix-huit cents livres	37.	10^{ſ}	45.
Quatre ſous pour livre	7.	10.	
Les Lieutenans-colonels, aux appointemens de dix-huit cents livres	15.	″	18.
Quatre ſous pour livre	3.	″	
Les Lieutenans-colonels, aux appointemens au-deſſous de dix-huit cents livres	7.	10.	9.
Quatre ſous pour livre	1.	10.	
Les Capitaines, aux appointemens de mille quatre-vingts livres	7.	10.	9.
Quatre ſous pour livre	1.	10.	
Les Capitaines, aux appointemens au-deſſous de mille quatre-vingts livres	3.	15.	4. 10^{ſ}
Quatre ſous pour livre	″	15.	
Les Lieutenans	2.	5.	2. 14.
Quatre ſous pour livre	″	9.	

DRAGONS.

Les Meſtres-de-camp, aux appointemens de mille quatre-vingts livres	75.	″	90.
Quatre ſous pour livre	15.	″	
Ceux aux appointemens au-deſſous de mille quatre-vingts livres	37.	10.	45.
Quatre ſous pour livre	7.	10.	

Suite des Officiers réformés retirés.

Les Lieutenans-colonels, aux appointemens de mille quatre-vingts livres.	15l	//	18l	
Quatre sous pour livre.	3.	//		
Ceux aux appointemens au-dessous de mille quatre-vingts livres.	7.	10s	9.	
Quatre sous pour livre.	1.	10.		
Les Capitaines, aux appointemens de cinq cents quarante livres.	7.	10.	9.	
Quatre sous pour livre.	1.	10.		
Ceux aux appointemens au-dessous de cinq cents quarante livres.	3.	15.	4.	10s
Quatre sous pour livre.	//	15.		
Les Lieutenans, aux appointemens de trois cents soixante livres.	4.	10.	5.	8.
Quatre sous pour livre.	//	18.		
Ceux aux appointemens au-dessous de trois cents soixante livres.	2.	5.	2.	14.
Quatre sous pour livre.	//	9.		

COMMISSAIRES des guerres.

Les Commissaires des guerres en charge. . . .	150.	//	180.	
Quatre sous pour livre.	30.	//		
Les Commissaires des guerres par commission, & ceux exerçant pour les titulaires.	30.	//	36.	
Quatre sous pour livre.	6.	//		

EMPLOYÉS aux Hôpitaux, & autres.

Les Médecins.	10.	//	12.	
Quatre sous pour livre.	2.	//		
Les Chirurgiens.	3.	//	3.	12.
Quatre sous pour livre.	//	12.		

Suite des Employés aux Hôpitaux, & autres.

Les Apothicaires	3l	〃	3l 12f
Quatre ſous pour livre	〃	12f	
Les Contrôleurs	3.	〃	3. 12.
Quatre ſous pour livre	〃	12.	
Les Garde-magaſins	3.	〃	3. 12.
Quatre ſous pour livre	〃	12.	
Les Fourriers	3.	〃	3. 12.
Quatre ſous pour livre	〃	12.	
Les Conſignes	2.	〃	2. 8.
Quatre ſous pour livre	〃	8.	
Les Portiers	3.	〃	3. 12.
Quatre ſous pour livre	〃	12.	
Les Mariniers	3.	〃	3. 12.
Quatre ſous pour livre	〃	12.	
Les Concierges des priſons	3.	〃	3. 12.
Quatre ſous pour livre	〃	12.	

LES Tréſoriers généraux de l'Extraordinaire des guerres, & leurs Commis dans les provinces & armées, feront la retenue de la Capitation, conformément au préſent règlement, ſur les appointemens qu'ils payent aux Officiers des troupes de Sa Majeſté, & autres qui rempliſſent les places y déſignées.

Cette retenue ſe fera en deux parties égales, dont la première moitié en Mars, & la ſeconde en Septembre, conformément à l'article V de la déclaration de 1701.

Ladite retenue aura lieu ſur les régimens, bataillons & compagnies, tant d'Infanterie que de Cavalerie &

Dragons, fur le pied complet, fans avoir égard aux emplois vacans ; fauf aux Tréforiers des régimens, de la faire fupporter par ceux qui rempliront, par la fuite, lefdits emplois vacans.

La Capitation des Officiers-majors & autres, qui fe trouveroient revêtus de différens emplois, leur fera retenue fur le pied du grade fupérieur.

Les Officiers-majors de quelques Places, à qui il a été accordé des modérations par des raifons particulières, continueront à jouir defdites modérations; mais leurs fucceffeurs feront affujettis à la retenue de la Capitation, conformément au préfent règlement.

FAIT à Verfailles le quatorze février mil fept cent foixante-quatre. *Signé* LOUIS. *Et plus bas*, LE DUC DE CHOISEUL.

A PARIS,
DE L'IMPRIMERIE ROYALE.

M. DCCLXIV.

www.ingramcontent.com/pod-product-compliance
Ingram Content Group UK Ltd.
Pitfield, Milton Keynes, MK11 3LW, UK
UKHW020541180726
13839UKWH00006B/2653

9 782329 592282